15 FEV. 1861

TRÈS-BELLE COLLECTION

DE

TABATIÈRES

DES ÉPOQUES LOUIS XV ET LOUIS XVI

Collection du comte Potocki de St. Petersbourg

Me CHARLES PILLET | MM. MANNHEIM
COMMISSAIRE-PRISEUR | EXPERTS
Rue de Choiseul, 11. | Rue de la Paix, 10.

EXEMPLAIRE DE H STETTINER

PARIS, IMPRIMERIE DE PILLET FILS AINÉ
RUE DES GRANDS-AUGUSTINS, 5.

CATALOGUE

D'UNE TRÈS-BELLE COLLECTION

DE

TABATIÈRES

DES ÉPOQUES LOUIS XV ET LOUIS XVI

En or ciselé et émaillé, matières précieuses, cristal de roche, jaspe, agate orientale, etc.
Plusieurs sont ornées d'émaux, portraits peints par PETITOT;
Très-belle Boîte enrichie de gouaches par VAN BLARENBERCHE; Autres, richement garnies
de brillants, émeraudes et rubis;
Magnifique Bonbonnière en cristal de roche gravé en relief,
montée en or et garnie de brillants;
Boîtes en écaille posée et piquée d'or, etc., etc.

DONT LA VENTE AUX ENCHÈRES PUBLIQUES AURA LIEU

HOTEL DES COMMISSAIRES-PRISEURS, RUE DROUOT, 5

SALLE N° 3, AU PREMIER,

Les Vendredi 15 et Samedi 16 Février 1861

A UNE HEURE.

Par le ministère de M° **CHARLES PILLET**, Commissaire-Priseur,
rue de Choiseul, 11,

Assisté de MM. **MANNHEIM**, Experts, rue de la Paix,

EXPOSITION PUBLIQUE

Le Jeudi 14 Février 1861, de une heure à cinq heures.

PARIS. IMPRIMERIE DE PILLET FILS AINÉ
RUE DES GRANDS-AUGUSTINS, 5.

—

1861

CONDITIONS DE LA VENTE

Elle sera faite au comptant.

Les adjudicataires payeront *cinq pour cent* en sus des enchères, applicables aux frais.

Le Catalogue se distribue :

A *Paris*,	chez M° Charles PILLET, commissaire-priseur.
»	MM. MANNHEIM, experts.
A *Londres*,	M. DURLACHER, n° 113, New-Bond street.
»	MM. ANNOOT et GALE, n° 16, Old-Bond street.

DÉSIGNATION

DES OBJETS

---

1 -- Grande et très-belle boîte carrée en lapis lazuli de Perse, recouverte dans toutes ses parties d'ornements et de figurines en or repoussé et repercé à jour dans le style de Watteau ; le bec et le couvercle sont, de plus, richement garnis de brillants, et l'intérieur est doublé en or.

2 — Grande et belle boîte carrée, montée à cage et doublée en or, enrichie de monuments et de figurines en or de couleur ciselé et repercé à jour, dans le style de Watteau, appliqués sur un fond vitrifié imitant la pierre des Amazones ; le bec est enrichi d'émeraudes et d'ornements en roses de Hollande.

3 — Grande et belle boîte carrée en or gravé, ornée sur toutes ses faces de sujets champêtres enrichis de figurines et guirlandes de fleurs, émaillés en réserve et de belles couleurs variées.

4 — Grande et magnifique tabatière, de forme carrée et à pans coupés, en or émaillé gros bleu, à bordures ciselées à ornements et feuillages en relief émaillés rouge et vert. Six beaux camées sur calcédoine montés à enfantement, représentant des offrandes à l'Amour et les arts libéraux figurés par des groupes d'enfants, ornent les six faces de cette belle boîte et sont signés GLACHANT LE JEUNE, 1776 et 1778. Les pans coupés sont enrichis de figurines en or ciselé représentant les quatre saisons et placés entre des pilastres cannelés.

Cette pièce, un des plus beaux échantillons de l'époque Louis XVI, mérite de fixer l'attention des amateurs.

5 — Jolie petite boîte, de forme carré long, pans coupés, en or émaillé gros bleu, à bordures et montants ciselés et à feuillages en or vert, enrichie de cinq jolis médaillons, fêtes champêtres ornées de nombre de petites figurines, miniatures gouachées par VAN BLARENBERGHE.

6 — Belle boîte de forme ovale en or, à entrelacs gravés et incrustations de burgau et à bordures ciselées à ceps et feuilles de vigne en or vert. Un beau médaillon, portrait du jeune Dauphin, peint sur émail par PETITOT, orne le couvercle.

7 — Grande et magnifique bonbonnière, de forme sphérique surbaissée et à lobes en cristal de roche gravé à rinceaux en relief; le couvercle, de même en cristal de

roche, est orné d'un buste de femme casquée, gravé en relief. Elle est montée à gorge à moulures en or, et le bec est richement garni de brillants. Pièce très-rare.

8 — Jolie bonbonnière en jaspe sanguin, représentant un casque orné d'un mascaron, de guirlandes de lauriers et de ses plumailles gravés en relief. Le couvercle, de même matière, présente Jupiter lançant ses foudres et entouré de guirlandes de lauriers. Monture à gorge en or ciselé, ornée de branches de laurier.

— Charmante petite bonbonnière en jaspe sanguin; elle a la forme d'une valise à couvercle bombé dont les arêtes sont garnies de feuillages en roses de Hollande.

10 — Grande et belle boîte carrée, montée à cage guillochée et doublée en or, ornée de six plaques mosaïque en relief, sujets chinois composés de burgau, magellan, nacre de perle, etc., appliquées sur un fond d'émail bleu; sculpture et gravure de la plus grande finesse et d'une réussite parfaite.

11 — Belle boîte carrée, montée à cage et doublée en or, ornée de plaques en or gravé à entrelacs et incrusté de figurines, de fleurs et de fruits en magellan et burgau sculptés.

12 — Tabatière carrée à cuvette, en lapis lazuli de Perse, montée à gorge en or ciselé; le couvercle orné de

monuments et personnages en or repoussé, ciselé et repercé à jour, appliqués et se détachant sur le fond de lapis.

13 — Petite boîte carrée, montée à cage en or à fleurs ciselées en relief, ornée de six plaques en bois pétrifié à fleurs et trophées en or incrusté ; le couvercle est, de plus, enrichi de rubis d'Orient et brillants.

14 — Grande boîte carrée à deux tabacs, en or guilloché et ciselé, ornements rocaille ; le bec et le couvercle sont enrichis de rubis d'Orient.

15 — Bonbonnière, de forme sphérique, en écaille, richement garnie de beaux ornements en piqué et posé d'or. Époque Louis XIV.

16 — Jolie tabatière carrée, pans coupés, montée à cage à ornements gravés et doublée en or; enrichie de dix plaques en écaille piquée d'or, trophées de musique, paysages, etc.

17 — Tabatière de forme carré arrondi, montée à cage en or ciselé à ornements et doublée en or; elle est enrichie de six plaques en écaille piquée d'or, à fruits, feuillages et oiseaux.

18 — Tabatière ovale, en or gravé, ornée de deux plaques en écaille piquée d'or, vase à fleurs et ornements.

19 — Petite boîte carrée, montée à cage à ornements rocaille

découpés et doublée en or, ornée de plaques en poudre d'écaille, incrustée de filets figurant des maillons et à ornements rocaille et feuillages en or, acier et burgau, sculptés en relief et appliqués.

20 — Tabatière carrée, montée à cage, à ornements gravés et doublée en or, ornée de six plaques en burgau représentant des rosaces et feuillages gravés et incrustés de filets d'or.

21 — Tabatière carrée, montée à cage, gravée et doublée en or, ornée de six plaques imitant le laque burgauté et représentant des fleurs et volatiles divers dans le goût chinois.

22 — Tabatière carrée, pans coupés, montée à cage ciselée et doublée en or, ornée de dix miniatures, sujets mythologiques.

23 — Grande tabatière de forme carrée, montée à cage, à ornements en or vert ciselé et doublée en or; elle est enrichie de six belles plaques en laque usé du Japon.

24 — Boîte ronde en écaille doublée en or; le couvercle orné d'une plaque en laque du Japon en relief représentant un enfant assis.

25 — Portrait de Louis XIV jeune, peinture sur émail, par PETITOT, monté dans un cadre ovale à réverbère en or et appliqué sur une boîte carrée en écaille.

26 — Portrait d'Anne d'Autriche, peinture sur émail par PETITOT, dans un cadre à réverbère en or gravé et appliqué sur une tabatière carrée en platine guilloché.

27 — Portrait de femme, époque Louis XIV, peinture sur émail, dans la manière de Petitot, formant le centre d'une applique, en or ciselé et émaillé, et ornant le couvercle d'une tabatière de forme carré long en écaille doublée en or.

28 — Portrait d'homme en costume de l'époque Louis XIV ; peinture sur émail, par WEYLER, ornant le couvercle d'une tabatière de forme carré arrondi, en or ciselé et gravé et à filets d'émail bleu.

29 — Portrait de femme, peinture sur émail dans un cadre à réverbère de forme octogone, et appliqué sur une boîte ronde en écaille doublée en or.

30 — Portrait de femme, époque Louis XIV, peinture sur émail attribuée à PETITOT, dans un cadre à réverbère en or, appliqué sur une tabatière de forme oblongue en écaille, montée à gorge en or.

31 — Portrait de femme, costume de l'époque Louis XIV ; peinture sur émail, dans un cadre carré à réverbère en or, monté sur une tabatière carrée en écaille doublée en or.

32 — Portrait de jeune fille, peinture sur émail signée

KANZ, dans un cadre à réverbère en or, montée sur une tabatière carrée en écaille, doublée en or.

33 — Portrait de femme, costume époque Louis XIV, peinture sur émail, dans un cadre en or ciselé, montée sur une boîte carrée vernie noire de Brunswick.

34 — Portrait de Mlle de Fontanges, peinture sur émail, d'après Mignard, montée sur une grande boîte ronde, en poudre d'écaille, à filets et galonnée en or.

35 — Très-petite boîte carrée, à cage en or à moulures, ornée de plaques en jaspe sanguin recouvertes d'entrelacs en or découpé à jour ; les quatre angles sont ornés de petites colonnettes torses en jaspe sanguin et le bec est enrichi d'ornements en brillants.

36 — Petite boîte carrée en jaspe sanguin, montée en or ; le couvercle enrichi d'ornements et de fleurs en or repoussé et ciselé par de Bêche.

37 — Tabatière carrée, à cuvette en prime d'améthyste gravée à rayons, montée à gorge en or à moulures, et le couvercle enrichi d'une fleur en brillants et hyacinthes.

38 — Tabatière carrée, à cuvette en prime d'améthyste, montée à gorge en or uni ; le couvercle formé d'une cornaline onyx gravée en relief, monuments rocaille et personnages.

39 — Tabatière de forme contournée, à cuvette en agate orientale, montée à gorge en or gravé; le couvercle, gravé en relief, représentant un jardin.

40 — Jolie petite bonbonnière à cuvette en sardoine orientale, montée à gorge en or à moulures.

41 — Bonbonnière en jaspe brun, représentant une tête de chien, montée à gorge en or; le couvercle, gravé en relief, représente un loup assis.

42 — Tabatière en prime d'améthyste, figurant une chèvre au repos, montée à gorge et couvercle en or; les cornes et le bec du couvercle sont enrichis de brillants et d'un rubis d'Orient.

43 — Bonbonnière en jaspe de Sibérie, figurant une musette à tête de bouc, montée en or et à cornes, yeux et bec du couvercle en brillants.

44 — Tabatière en prime d'améthyste, représentant une tête de cheval, à monture et bride en or; yeux et attaches ornés de petits brillants.

45 — Tabatière en agate orientale, représentant un dauphin dont les yeux sont en onyx à deux couches et monture en or ciselé.

46 — Tabatière en prime d'améthyste, représentant un grotesque.

47 — Petite bonbonnière en prime d'améthyste, en forme de corbeille, dont le couvercle est orné d'un petit chien couché gravé en relief; monture à gorge en or.

48 — Tabatière en prime d'améthyste, représentant un mouton au repos; yeux en brillants et monture à gorge en or, à moulures.

49 — Grande tabatière carrée en cristal de roche gravé à rayons en spirales, montée à gorge en or gravé, ornements rocaille.

50 — Petite boîte à deux tabacs, en forme de baril, en cristal de roche gravé imitant la vannerie et montée à gorge en or gravé.

51 — Tabatière carrée en or, ornée de deux plaques en cristal de roche gravé en creux, représentant des nymphes.

52 — Grande tabatière carrée en or repoussé, à ornements rocaille enrichis de figurines, monuments, fleurs, etc.

53 — Tabatière carrée en or ciselé, à médaillons paysages.

54 — Tabatière carrée en or ciselé, à ornements rocaille et figurines.

55 — Boîte en or, ornée d'une large tête de Méduse ciselée en haut relief.

56 — Petite boîte en or ciselé, représentant un lion au repos.

— 12 —

57 — Tabatière ovale en or guilloché et gravé, contenant une musique et un oiseau automate.

58 — Tabatière de forme carré long, à pans coupés, en or gravé et émaillé; les panneaux, montés à coulisses et émaillés des deux côtés, permettent de donner deux aspects différents à cette boîte.

59 — Tabatière de forme carré long à pans coupés, en or émaillé gros bleu et à sujets ornés de figures et encadrés de perles fines; cette boîte contient à l'intérieur un tableau mécanique en or ciselé et émail, ainsi qu'une musique à carillon.

60 — Tabatière de forme ovale en or émaillé, sujets marines et bordures rouge et bleu turquoise alternant. Cette pièce a été fabriquée à Genève pour la cour de Turquie.

61 — Boîte de forme contournée en or, émaillée de fleurs et d'oiseaux de couleurs variées; le couvercle de cette boîte est orné d'une calcédoine orientale à deux couches gravée; composition de quatre figurines : Bacchanale d'après l'antique.

62 — Petite boîte à cuvette en agate orientale en forme de demi-poire, montée à couvercle en or gravé et orné d'un camée : lion assis sur pierre chatoyante.

63 — Camée sur agate onyx d'Allemagne à plusieurs couches; buste de bacchante couronnée de pampres, profil à

gauche, dans un cadre à réverbère en or et appliqué sur une tabatière ronde en écaille.

64 — Grand camée ovale sur agate orientale à deux couches, composition de cinq personnages d'après l'antique et à inscription : ΕVΧΑΡΙΣΤΙΑ, dans un cadre en or et monté sur une tabatière de forme carré long, pans coupés, galonnée et doublée en or.

65 — Buste d'empereur romain couronné de lauriers, profil à droite, camée antique sur agate orientale à deux couches, dans un cadre à réverbère en or et monté sur une tabatière carrée en écaille à gorge en or.

66 — Camée sur agate orientale à deux couches, buste d'homme, profil à gauche et à inscriptions grecques, dans un cadre à réverbère en or et monté sur une tabatière carrée en écaille à gorge et galons en or.

67 — Petit camée sur agate orientale à deux couches: Triomphe d'Amphitrite. Travail du seizième siècle; dans un cadre à réverbère en or et monté sur une tabatière ronde en écaille, doublée en or.

68 — Camée sur jaspe agate à trois couches, tête d'Apollon, profil à droite, monté sur une tabatière ronde en ivoire.

69 — Camée sur jaspe à deux couches, Satyre combattant un bouc, dans un cadre à réverbère en or et monté sur une tabatière ronde en écaille.

70 — Camée sur agate orientale à deux couches : buste de Niobée vu de face, gravé en haut relief, dans un cadre à réverbère en or et monté ur une tabatière ronde en écaille, doublée en or.

71 — Camée sur agate orientale à trois couches : buste de Minerve, profil à droite, monté sur une tabatière ronde en écaille.

72 — Camée sur agate orientale, buste d'Apollon lauré, profil à droite, dans un cadre à réverbère en or et monté sur une tabatière carrée en écaille, doublée en or.

73 — Camée sur agate orientale à deux couches : tête de Méduse vue de face, montée sur une tabatière ronde en écaille à gorge en or.

74 — Camée sur agate orientale : tête de Méduse vue de face, monté sur une tabatière de forme oblongue en purpurine.

75 — Intaille sur sardoine orientale : tête copiée sur la médaille de Syracuse, profil à gauche, gravée par CERBARA, montée sur une tabatière de forme carré long en écaille.

76 — Intaille sur agate orientale : l'Abondance ; montée sur une tabatière ronde en écaille, à gorge en or.

77 — Camée sur ivoire : Mars assis ; dans un cadre à réverbère en or monté sur une tabatière carrée en écaille, doublée en or.

78 — Boîte ronde en écaille, ornée de médaillons et d'ornements, peintures en couleur copiées d'après l'antique et recouvertes d'écaille blonde; le couvercle est enrichi d'une miniature peinte en grisaille, Amour sur un lion.

79 — Miniature : Dame pinçant de la guitare; dans un cadre à réverbère en or, monté sur une tabatière ronde en écaille.

80 — Tabatière ronde en écaille, doublée et galonnée d'or; ornée d'une miniature, Amour d'après Raphaël.

81 — Tabatière ronde en écaille, à gorge en or, ornée d'une miniature, portrait de femme d'après Raphaël, signée Tresca.

82 — Grande boîte ronde en écaille, doublée et galonnée d'or, ornée d'une belle mosaïque de Rome, chien et coqs dans un paysage.

83 — Tabatière oblongue en or gravé, ornée d'une mosaïque de Rome; paysage.

84 — Tabatière carrée en écaille, montée à cage et doublée en or, le couvercle orné d'une mosaïque de Rome, paysage.

85 — Tabatière carrée en écaille, montée à gorge en or, ornée d'une mosaïque de Rome, paysages et figurines.

86 — Tabatière carrée en nacre de perle, montée à gorge et galonnée d'or, ornée d'une mosaïque de Rome, sphinx couché.

87 — Tabatière ronde en écaille doublée en or, ornée d'une mosaïque de Rome, imitant une grisaille : Enlèvement d'Europe.

88 — Tabatière ronde en porphyre rouge oriental, ornée d'une mosaïque de Rome : Renard saisissant un faisan.

89 — Tabatière carrée en jaspe de Sibérie gravé à losanges, montée à cage en or gravé, le bec orné de brillants et de rubis.

90 — Grande boîte carrée en jaspe fleuri de Sicile, montée à cage en or ciselé.

91 — Tabatière de forme contournée, en agate à cuvette, montée à gorge en or ciselé et le couvercle orné d'insectes gravés en relief.

92 — Tabatière de forme contournée, en jaspe vert veiné, à cuvette, montée à gorge en or gravé.

93 — Bonbonnière en prime d'améthyste, à cuvette gravée imitant la vannerie, montée à gorge en cuivre doré.

94 — Tabatière de forme contournée, en agate, à cuvette,

montée à gorge en bas or; le couvercle orné d'insectes gravés en relief.

95 — Tabatière ovale en prime d'améthyste, à cuvette, montée à gorge en or.

96 — Bonbonnière ronde en prime d'améthyste, montée à gorge en or gravé.

97 — Drageoir en forme de coquille, en or; le couvercle en cristal de roche.

98 — Tabatière de forme carré long à pans coupés, en labrador, montée à gorge et galons en or gravé.

99 — Tabatière de forme carré long à pans coupés, en bois pétrifié, montée à gorge et galons en or gravé.

100 — Tabatière ovale à cuvette, en prime de grenat.

101 — Tabatière de forme contournée, à cuvette en agate orientale; le couvercle orné d'un paysage obtenu par les acides, monture en argent doré.

102 — Tabatière ovale en or, ornée de deux plaques en jaspe jaune veiné.

103 — Tabatière de forme carré long, en vitrification imitant le jaspe agate rouge, montée à gorge en or.

104 — Tabatière de forme contournée et à cuvette, en quartz astéroïde, montée à gorge en argent doré.

105 — Bonbonnière en pierre de lard, imitant un papillon, montée à gorge en or.

106 — Grande boîte ovale à cuvette en jaspe de Sibérie, montée à gorge en argent doré.

107 — Petite boîte à cuvette en agate et à couvercle en argent gravé.

108 — Tabatière de forme carré long à pans coupés, en grès dit pavé de Vienne, montée à gorge en argent doré.

109 — Autre boîte de même matière, mais de forme carré arrondi, même monture.

110 — Tabatière ronde en lave, montée en mauvais or d'Italie.

111 — Autre tabatière ronde en lave, même monture.

112 — Tabatière ronde en lave rouge.

113 — Très-petite boîte ronde en lave verdâtre.

114 — Tabatière en pierre de lard sculptée, figurant une biche ; couvercle en ambre et gorge en or.

115 — Tabatière ; petite tortue dont les pattes et la tête sont en or émaillé enrichi de diamants ; le reste de la monture est en or gravé.

116 — Tabatière en coquille gravée en relief, à ornements et personnages, montée en or gravé.

117 — Tabatière en corne de cerf sculptée, sujets de chasse; montée et doublée en argent.

118 — Tabatière en coco sculpté, montée en argent.

119 — Tabatière en ivoire sculpté, tête d'animal chimérique, gorge en argent.

120 — Grande tabatière en poudre d'écaille rouge, montée à gorge en or.

121 — Tabatière ovale en écaille posée et piquée d'or et d'argent, représentant des ustensiles divers, montée à gorge et doublée ~~or~~.

122 — Boîte de forme oblongue en cristal à ornements burgautés; monture en vermeil.

123 — Tabatière ronde en vernis de Martin burgauté; doublée d'argent doré.

124 — Tabatière ronde en écaille à gorge en or, ornée d'une plaque en piqué d'or.

125 — Tabatière de forme haute aplatie en écaille, à couvercle enrichi d'ornements en posé or et burgau.

126 — Tabatière de forme contournée, en écaille, le couvercle orné de posé d'argent.

127 — Drageoir carré en ivoire; le couvercle enrichi d'ornements en argent gravé.

128 — Tabatière ovale doublée d'argent, ornée de parties burgautées.

129 — Tabatière de forme carré arrondi, en nacre de perle gravée et montée en argent.

130 — Grand drageoir ovale en argent, le dessus orné d'une plaque en fer repoussé : Diane partant pour la chasse; le desous en écaille.

131 — Grande tabatière en racine de buis, montée et doublée en argent.

132 — Tabatière ronde en poudre d'écaille, marbrée et à godrons.

133 — Tabatière en forme de valise en racine de buis, ornée de trois onyx d'Allemagne.

134 — Tabatière de forme contournée, en ambre jaune, montée en or.

135 — Très-grande boîte de forme contournée, en argent niellé, et à monuments et figures en relief dorés.

136 — Tabatière de forme ovale, à cuvette en vermeil, à coquille repoussée sur le couvercle.

137 — Boîte ronde en vermeil, le couvercle orné d'une médaille.

138 — Tabatière en argent, en forme de fer à repasser.

139 — Petite tabatière en argent, formée par un boule-dogue couché.

140 — Tabatière de forme oblongue, en porcelaine tendre blanche et gaufrée, montée à gorge en or.

141 — Boîte à deux tabacs, en porcelaine tendre blanche et gaufrée à fleurs, monture en vermeil.

142 — Tabatière carrée, en porcelaine de Saxe, à médaillons, sujets champêtres. Non montée.

143 — Tabatière carrée, en porcelaine de Saxe, gaufrée à ornements fond vert et dorés; à l'intérieur, un médaillon, sujet champêtre. Non montée.

144 — Tabatière carrée, en porcelaine de Saxe, fond vert, à médaillons, paysages et figures; montée à gorge en or. Fracturée.

145.— Bonbonnière en ancienne porcelaine de Chantilly, figurant un magot assis, montée en argent.

146 — Boîte de forme carrée, à deux tabacs, en émail de Saxe fond blanc et à fleurs coloriées.

147 — Boîte carrée en émail de Saxe, fond blanc et à sujets dits trompe-l'œil.

148 — Boîte de forme oblongue, en émail de Saxe, fond blanc et à fleurs coloriées.

149 — Boîte carrée, en émail de Saxe, fond blanc et fleurs émaillées sur paillon, monture en argent.

150 — Boîte en émail de Saxe, tête de carlin.

151 — Boîte en porcelaine tendre, en forme de noix verte, monture en argent.

152 — Boîte en émail de Saxe, en forme de souris.

153 — Boîte en émail de Saxe, en forme d'oiseau.

154 — Râpe à tabac, en ivoire sculpté : Diane surprise par Actéon.

155 — Flacon en cristal taillé.

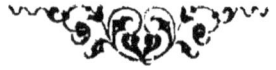